ちいかわドリル 小学2年生の国語 シール

小《しょう》学《がく》2年《ねん》生《せい》の
国《こく》語《ご》

がんばるみんなのための
ちいかわドリル

キャラクター しょうかい

ちいかわ

なんか 小さくて かわいい やつ。
ちょっぴり なき虫。
草むしりや とうばつを して
生活《せいかつ》して いる。

ハチワレ

明《あか》るくて 元気《げんき》。
ときどき 毛玉《けだま》を はく。
ギターを ひきながら
歌《うた》うのが とくい。

うさぎ

こわい もの 知《し》らず。
「ウラ」「ヤハ」と 声《こえ》を 出す。
プリンの 上で
すべるのが とくい。

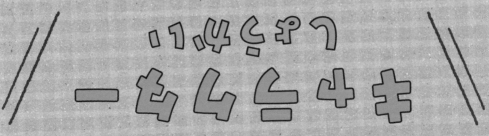

モモンガ

まわりを こまらせる ことが 多《おお》い。
わざと ないて かわいこぶる
ことが ある。

くりまんじゅう

おさけと おつまみが すき。
おいしい ものを 食《た》べると
「ハーッ」と いきを はく。

ラッコ

ちいかわたちの あこがれ。
とうばつランキングで
トップに かがやく ランカー。

よろいさん たち

もの作《づく》りが とくいな よろいさんや,
しごとを しょうかいする
よろいさんなどが いる。

シーサー

ラーメン屋《や》で はたらいて いる。
ラーメンの よろいさんを
「おししょう」と よぶ。

パジャマ パーティーズ

パジャマを きて いる グループ。
「ウ ウ・ワ・ワ ウワッ」と
歌《うた》って おどる。

いろいろな こわい やつ

とつぜん 出て きて おそって くる。とうばつを して やっつけたり する。

このドリルについて

1 1回10分でできるからやりきれる!!

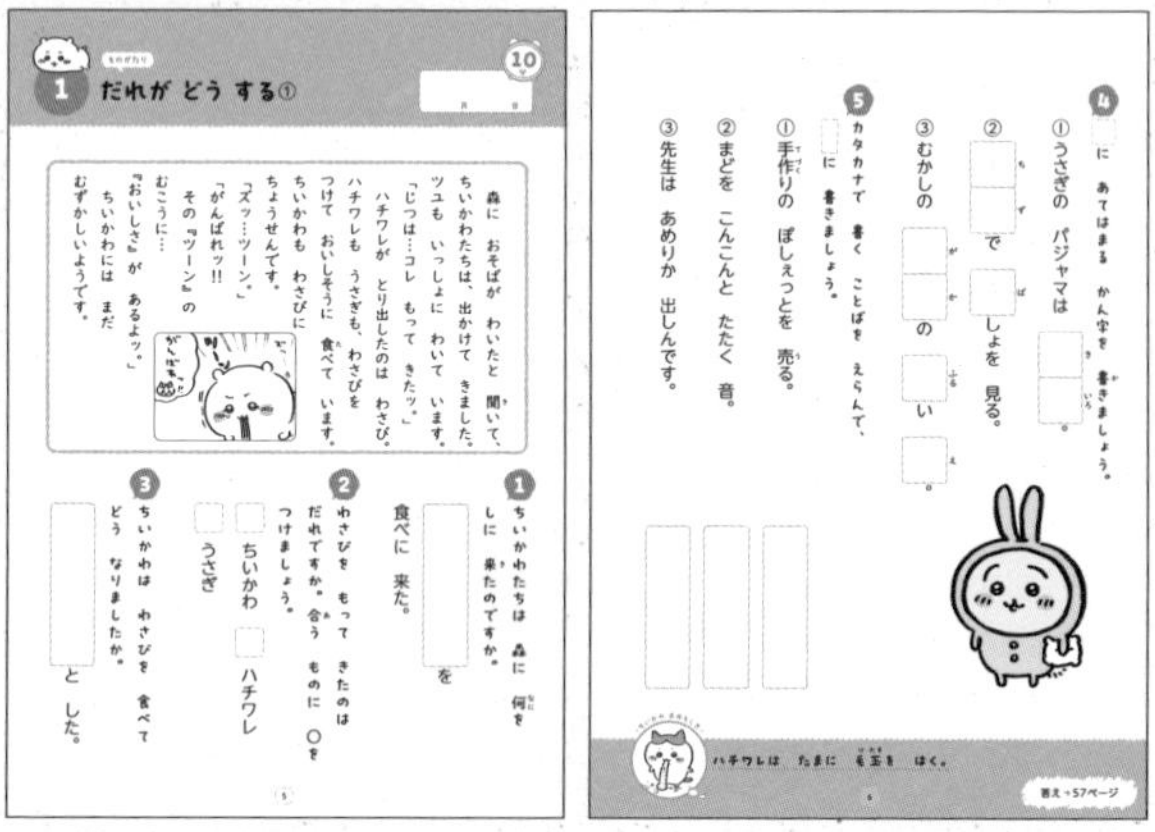

▲ちいかわまめちしき つき!

表と裏で10分で
取り組めるようにしてあります。
短い時間でできるから,
集中力が続きます。
途中のごほうびページで
モチベーションも
アップします。

2 おうちの方と丸をつける!

問題が解けたら,丸つけをしてください。
アドバイスがあるから,おうちの方にも
わかりやすくなっています。

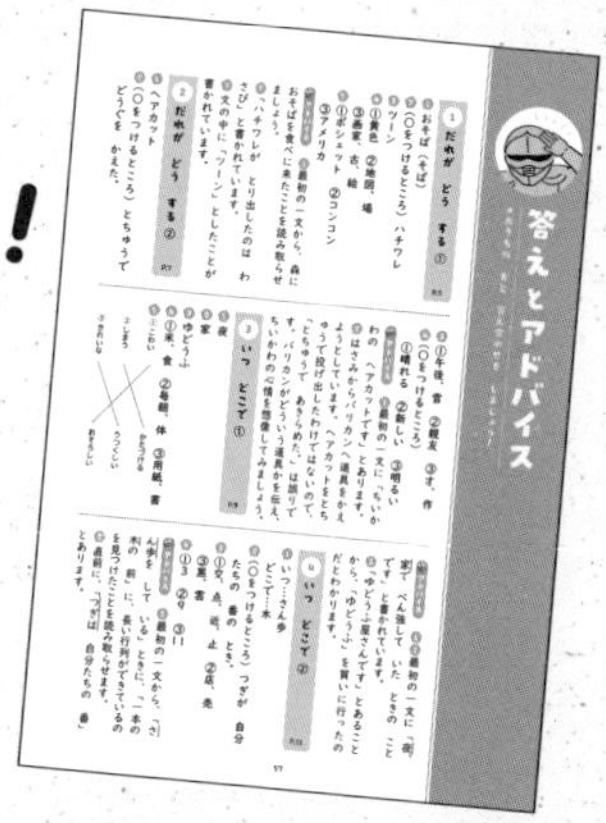

3 かわいいシールでやる気が出る!

丸つけが終わったら,
裏表紙の「たっせいするぞシート」にシールを貼りましょう。
あまったシールは自由に使ってください。

1 だれが どう する①

10分

月　日

森に　おそばが　わいたと　聞《き》いて、
ちいかわたちは、出かけて　きました。
ツユも　いっしょに　わいて　います。
「じつは…コレ　もって　きたッ。」
ハチワレが　とり出したのは　わさび。
ハチワレも　うさぎも、わさびを
つけて　おいしそうに　食《た》べて　います。
ちいかわも　わさびに
ちょうせんです。
「ズッ…ツーン。」
「がんばれッ!!
その『ツーン』の
むこうに…
『おいしさ』が　あるよッ。」
ちいかわには　まだ
むずかしいようです。

1 ちいかわたちは　森に　何《なに》を　しに　来《き》たのですか。

［　　　　］を　食べに　来た。

2 わさびを　もって　きたのは　だれですか。合《あ》う　ものに　○を　つけましょう。

□ ちいかわ
□ ハチワレ
□ うさぎ

3 ちいかわは　わさびを　食べて　どう　なりましたか。

［　　　　］と　した。

4 □に　あてはまる　かん字を　書《か》きましょう。

① うさぎの　パジャマは　□《き》□《いろ》。

② □《ち》□《ず》で　□《ば》しょを　見る。

③ むかしの　□《が》□《か》の　□《ふる》い　□《え》。

5 カタカナで　書く　ことばを　えらんで、□に　書きましょう。

① 手作《てづく》りの　ぽしぇっとを　売《う》る。

② まどを　こんこんと　たたく　音。

③ 先生は　あめりか　出しんです。

ちいかわ まめちしき

ハチワレは　たまに　毛玉《けだま》を　はく。

答え→57ページ

2 だれが どう する②

10分

月　日

ちいかわの ヘアカットです。
「はじめてだけどッ…。」
ハチワレが はさみを 鳴《な》らします。
シャキシャキシャキ……。その 音を
聞《き》いて いたら、こわく なって
きました。ちいかわは にげ出します。
「まだ 切《き》ってないよォ？」
はさみを うさぎに わたします。
ショキショキ、いい かんじです。
あれ？ うさぎが
どこかへ 行《い》って
しまいました。
もどって きた
うさぎの 手には
バリカンが
にぎられて います。

1 ちいかわたちは 何《なに》を して いますか。

ちいかわの [　　　]

2 うさぎの 行《こう》どうに 合《あ》う ものに ○を つけましょう。

[　] とちゅうで あきらめた。

[　] さいごまで やり切った。

[　] とちゅうで どうぐを かえた。

3

□に あてはまる かん字を 書《か》きましょう。

① □《ご》□《ご》には □《ゆき》が ふるだろう。

② ちいかわと ハチワレは □《しん》□《ゆう》だ。

③ □《さい》のう あふれる □《さく》ひん。

4

{　}から おくりがなが 正しい ほうを えらんで、○を つけましょう。

① あしたは {晴れる／晴る} はずだよ。

② {新しい／新らしい} カメラを 買《か》う。

③ {明かるい／明るい} へやで べん強《きょう》する。

ポシェットの よろいさんが つくった パジャマは、はつ売《ばい》日《び》に かん売した。

答え→57ページ

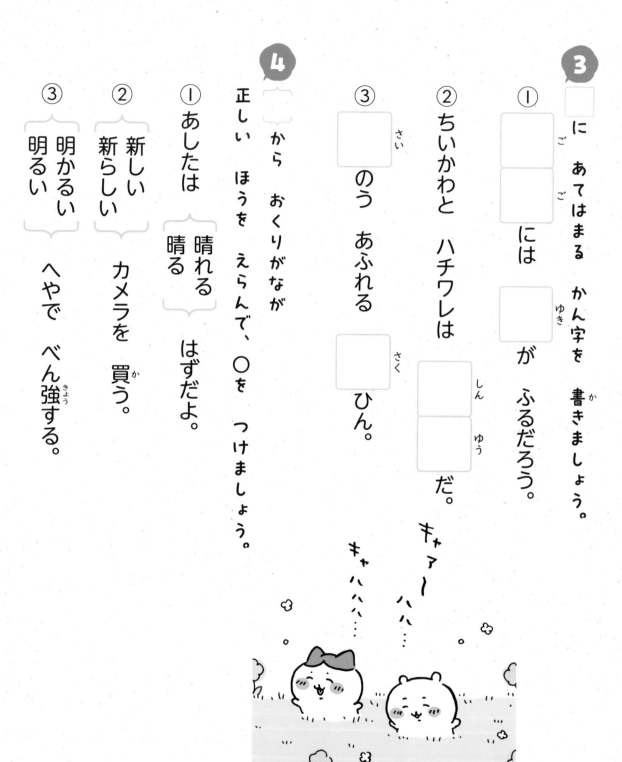

ものがたり

3 いつ どこで①

10分

月　日

ちいかわが　夜《よる》、家《いえ》で　べん強《きょう》して
いた　ときの　ことです。ホーヘーと
いう　ラッパの　音が　聞《き》こえて
きました。
「アッ!!!」
ゆどうふ屋《や》さんです。ちいかわは、
くまさんポシェットを　もって　外《そと》に
とび出します。
「一ちょうね。
まいどー。」
ちいかわは
こんどは
家まで　もうダッシュ。
「ハフッ　ハグッ。」
アツアツの　うちに
ごまだれを　かけて　いただきます。

1 この　ものがたりで　書《か》かれて　いる　時間《じかん》たいは
いつですか。

[　　　　]

2 ちいかわは、ラッパの　音を
どこで　聞きましたか。

[　　　　] の　中。

3 ちいかわは、外へ　何《なに》を　しに
行《い》ったのですか。

[　　　　] を
買《か》いに　行った。

4

□に あてはまる かん字を かきましょう。

① モモンガが お□《こめ》を □《た》べて いる。

② □□《まいあさ》、□《たい》そうを する。

③ 名前《なまえ》を □□《ようし》に □《か》く。

5

にた いみの ことばを 下から えらび、——で つなぎましょう。

① こわい ・　　・ かたづける

② しまう ・　　・ うつくしい

③ きれいな ・　　・ おそろしい

うさぎは、くりまんじゅうに さけとばで 頭《あたま》を たたかれた。

答え→57ページ

4 いつ どこで②

10分

月　日

ちいかわと　ハチワレが　さん歩《ぽ》を　して　いると、一本の　木の　前《まえ》に　長《なが》い　行《ぎょう》れつが　できて　いました。

「わかんないけど　ならんじゃう。」

どうやら、木から　だしが　出て　いるようです。

つぎは　自分《じぶん》たちの　番《ばん》。その　とき、ハチワレは　気が　つきました。

「ないよッ、だし　入れる　うつわ!!!」

すると、だれかが　ハチワレの　せなかを　トントン。

くりまんじゅうが　うつわを　かして　くれました。

1 「長い　行れつ」を　いつ　どこで　見つけましたか。

・いつ

ちいかわと　ハチワレが　［　　　］を　して　いる　とき。

・どこで

一本の　［　　　］の　前で。

2 「その　とき」とは　どんな　ときですか。合《あ》う　ほうに　○を　つけましょう。

□ 自分たちの　番に　なった　とき。

□ つぎが　自分たちの　番の　とき。

3

□に あてはまる かん字を 書《か》きましょう。

① □《こう》さ□《てん》の □《ちか》くで 立ち□《ど》まる。

② □《みせ》で たこやきを □《う》る よろいさん。

③ 空を □《くろ》い □《くも》が おおう。

4

矢《や》じるしの ぶぶんは、何番目《なんばんめ》に 書きますか。数字《すうじ》で 答《こた》えましょう。

① 万 □番目

② 紙 □番目

③ 週 □番目

ちいかわは こわがり。

答え→57ページ

せつ明文

5 どんな じゅんじょ①

10分

月　　日

シーサーは、ラーメン屋《や》「郎《ろう》」で助手《じょしゅ》を　して　います。「郎《ろう》」で　はたらく　ために、「むちゃ・ムズカシイ」と　言《い》われる「スーパーアルバイター」のしかくを　とりました。

「郎《ろう》」の　店《てん》しゅ、ラーメンのよろいさんを、「おししょう」とよんで　したって　いて、おししょうとかんぱいしたくて、今《いま》は、おさけのしかくを　べん強中《きょうちゅう》です。

べん強ねっ心《しん》でがんばりやのシーサーです。

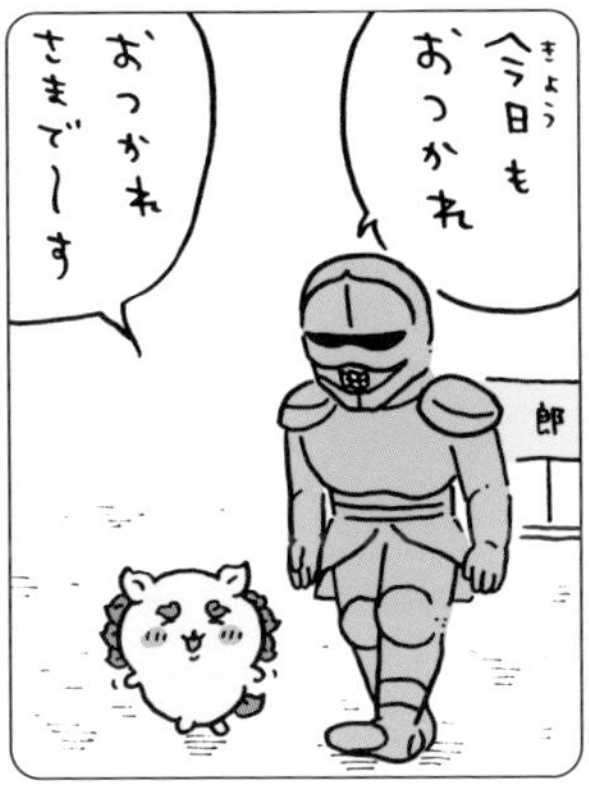

1 だれに　ついて　せつ明《めい》した　文しょうですか。

□ に　ついて。

2 どんな　じゅんじょで　せつ明されて　いますか。せつ明の　じゅんに　1〜3の　番《ばん》ごうを　書《か》きましょう。

□ ラーメンの　よろいさんを　何《なん》と　よんで　いるか。

□ どんな　しかくを　もって　いるか。

□ どこで　はたらいて　いるか。

3

□に あてはまる かん字を 書《か》きましょう。

① □《しつ》□《ない》に 花を かざる。

② おつりを □《けい》□《さん》する。

③ □《はは》が けいえいする □《かい》□《しゃ》。

4

しゅ語《ご》に ――を 引《ひ》きましょう。

① うさぎが おみやげを くれる。

② これが ちいかわの 家《いえ》です。

③ とうばつは むずかしい。

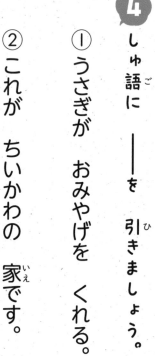

フエラムネの わき出る ところが ある。

答え→58ページ

せつ明文

6 どんな じゅんじょ②

10分

月　日

こわい　やつを　やっつける　ろうどう。それが、「とうばつ」です。
とうばつの　せいせきが　よい　ものは　「上位《じょうい》ランカー」と　よばれ、みんなの　あこがれの　まとと　なります。
とうばつの　せいせきで　上位4位までに　入ると、ぶきに　自分《じぶん》の　顔《かお》マークを　入れて　もらえます。
つまり、ぶきに　入って　いる　自分の　顔マークは、上位ランカーの　あかし　なのです。

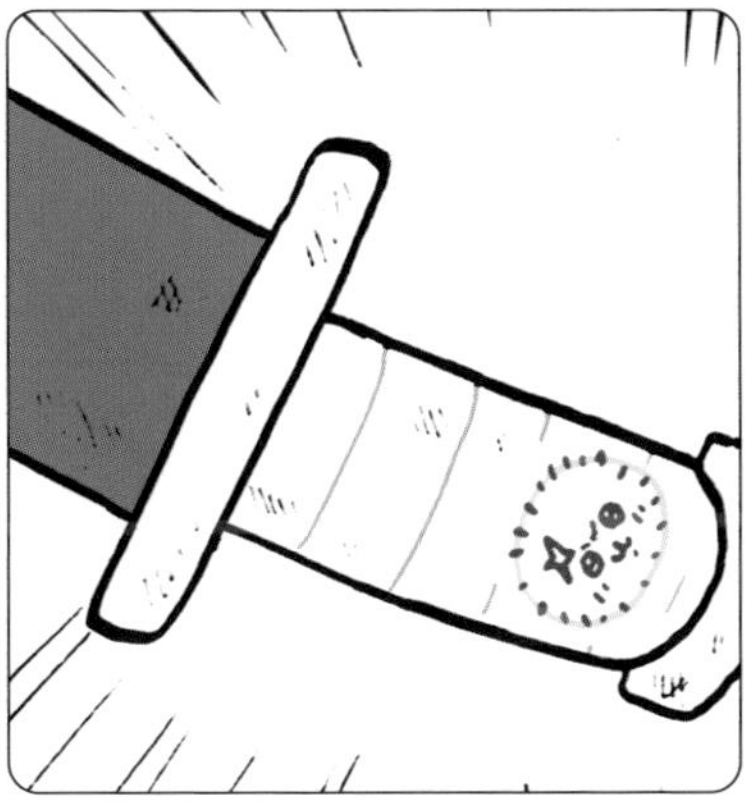

1 どんな　じゅんじょで　せつ明《めい》されて　いますか。せつ明の　じゅんに　1～3の　番《ばん》ごうを　書《か》きましょう。

□ ぶきに　かかれた　顔マークの　いみ。
□ とうばつとは　何《なに》か。
□ 上位ランカーとは　何か。

2 ぶきの　顔マークは　何《なん》の　あかしですか。

上位□

3

□に　あてはまる　かん字を　書《か》きましょう。

①　□《ひゃっ》□《か》じてんを　□《よ》む。

②　ちょうこく□《とう》で　木を　けずる。

③　くりまんじゅうに　べん□《きょう》を　□《おそ》わる。

4

はんたいの　いみの　ことばを　下から　えらび、――で　つなぎましょう。

①　行《い》く　・　　・　みじかい

②　ひらく　・　　・　とじる

③　長《なが》い　・　　・　来《く》る

ちいかわ　まめちしき

ちいかわと　ハチワレは、こわい　話《はなし》を　わすれる　ために　パーティーを　した。

答え→58ページ

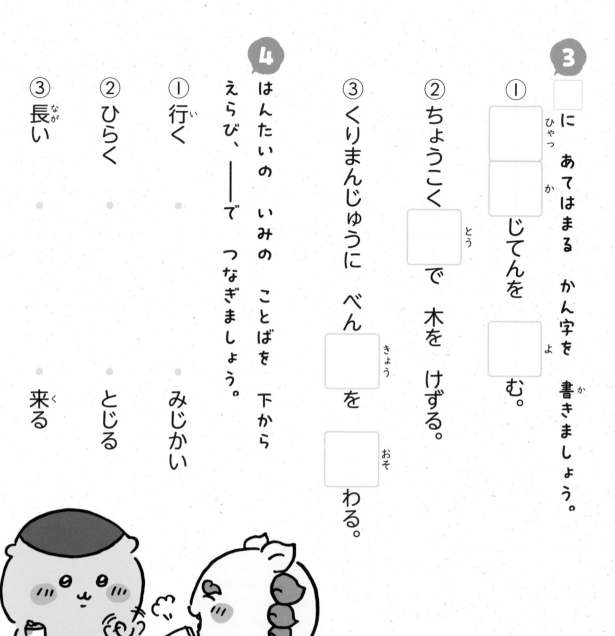

ものがたり

7 だれが どう する③

10分

月　日

古本屋《ふるほんや》は、モモンガが くれた
おそろいの カニの カチューシャを
つけて いました。
「アレッ、古本屋さん…おそろいだッ。」
ちいかわと ハチワレです。
「こんにちは〜ッ!!!」
おたがいに 頭《あたま》の
はさみを パシパシッと
うごかして、
カニあいさつです。

「おいッ。」
モモンガの 声《こえ》です。モモンガも、
おそろい？ きたいして ふりむくと、
「こっちの ほう〜が かわっいいだろッ。」
モモンガは、どんぐりぼうしを
かぶって いました。

1 古本屋に カチューシャを あげたのは だれですか。

[　　　　]

2 古本屋は、ちいかわや ハチワレと 何《なに》を しましたか。

頭の はさみを うごかして、[　　　　]を した。

3 モモンガは 何を かぶって いましたか。

[　　　　]

4

□に　あてはまる　かん字を　書《か》きましょう。

①ちょうど□《いま》、□《しん》かん□《せん》が　えきに　ついた。

②□《らい》□《しゅう》には　□《さと》□《がえ》りを　する。

③ちいかわの　□《かお》は　□《まる》い。

5

「、」「。」「「」「」」を　ますに　書きましょう。
それぞれ　一回《かい》ずつしか　つかえません。

ハチワレは
はたらいた後《あと》のおふろは
さい高《こう》だね。
と言《い》いました

ちいかわ まめちしき

パジャマパーティーズは、「むちゃフェス」を　大いに　もり上げた。

答え→58ページ

ものがたり

8 だれが どう する④

10分

月　　日

今日《きょう》は、夏《なつ》まつり。ちいかわと
ハチワレと うさぎは、かきごおりを
食《た》べようと して います。
「シロップ かけほうだいだって…。」
ハチワレは、レモンと メロン、
ちいかわは、イチゴの シロップを
かけました。
「した 青い？」
「キャア～…ハハ。」
「ウラ。」
うさぎは
ぜんしゅるいの
シロップを かけたそうです。
「した 何色《なにいろ》？」
うさぎの したが とっても 気に
なります。

1 何の 日の できごとですか。

（　　　）の 日。

2 ちいかわたちは 何を 食べて いますか。

（　　　）

3 イチゴの シロップを かけたのは だれですか。合《あ》う もの すべてに ○を つけましょう。

□ ちいかわ
□ ハチワレ
□ うさぎ

4

□に あてはまる かん字を 書《か》きましょう。

①せなかに □《はね》が 生えた ちいかわたち。

②いつもと □《おな》じ □《みち》を □《とお》る。

③□《うま》の □《くび》を なでる。

5

じゅつ語《ご》に ――を 引《ひ》きましょう。

①こわい やつが 来《く》る。

②ラッコは あまい ものが すきだ。

③むちゃうまプリンは とても おいしい。

ちいかわは 年こしそばに コロッケを 入れる。

答え→59ページ

ごほうび①

かん字クイズと カタカナパズル

10分

月　　日

1 かん字に　1画《かく》　くわえて，
べつの　かん字に　しましょう。

① 小 → □

② 万 → □

③ 休 → □

④ 九 → □

⑤ 目 → □

⑥ 止 → □

2 正しい　カタカナことばを
れいの　ほかに　5つ　見つけて，
○で　かこみましょう。

れい

パ	ジ	ャ	マ	コ
コ	オ	メ	ハ	ッ
ブ	ム	ロ	ー	プ
カ	レ	エ	ト	ヌ
ル	ツ	プ	リ	ン

★ ことばは　左から　右と，上から　下に　読《よ》もう!

答え→59ページ

9 いつ どこで③

10分

月　日

ちいかわたちは、ハチワレの 家《いえ》で おとまり会《かい》。パジャマの まま、夜《よる》の さん歩《ぽ》に 出かけました。

野原《のはら》に ねころんだ ちいかわたち。リー…リー…。虫の 声《こえ》が 聞《き》こえます。

「ながれ星《ぼし》 こい。」

ハチワレは ながれ星を 見つけては ねがいごとを となえます。

「エ？」

星が どんどん 近《ちか》づいて きます。

「ながれ星 さん上!!!」

空から 本当《ほんとう》に ながれ星が ふって きたのです。

1 いつの できごとですか。

ハチワレの 家で [　　　　] を した とき。

2 ちいかわたちは どこに いますか。

[　　　　]

3 どんな できごとが 書《か》かれて いますか。

「ながれ星 [　　　　]。」と 言《い》って いたら、本当に ながれ星が ふって きた こと。

4

□に あてはまる かん字を 書《か》きましょう。

① ポシェットの よろいさんは □《こう》□《さく》が とくい。

② □《ぎゅう》□《にく》で すきやきを する。

③ □《ちち》からの □《でん》□《わ》。

5

□に 入る ことばを、□から えらんで 書きましょう。

① □ つめたい 水。

② きんちょうで □ ちいかわ。

こおりのように　にこやかな　カチカチの

ハチワレは まんがを 読《よ》む。

答え→59ページ

10 いつ どこで④

月　日

とうばつからの　帰《かえ》り道《みち》、ハチワレは、立ちぐいそばやの　中に　いる　ラッコに　気が　つきました。ラッコは　とうばつおわりに　よく　ここに　いるのです。ハチワレは、となりで　食《た》べて　いる　自分《じぶん》の　すがたを　思《おも》いうかべました。

「七味《しちみ》　どうぞッ。」

いつか、自分も　ランカーに　なって　あこがれの　ラッコと　おそばを　食べられたら…。

「なるぞ…強《つよ》く…。」

ハチワレは　さすまたを　にぎりしめました。

1 いつの　話《はなし》ですか。合《あ》う　ものに　○を　つけましょう。

- □ あそんで　いる　とき。
- □ とうばつから　帰る　とき。
- □ とうばつに　いく　とき。

2 ラッコは、どこに　いますか。

□ の　中。

3 ラッコを　見て、ハチワレは　どんな　気もちに　なりましたか。

□ なるぞ。

4 □に あてはまる かん字を 書《か》きましょう。

① □《き》□《しゃ》で □《とう》□《きょう》へ □《い》く。

② ちいかわは □《うた》□《ごえ》が いい。

③ □《よ》□《ぞら》の □《ほし》を 見上げる。

5 かん字の たし算《ざん》を しましょう。

れい　言 ＋ 売 ＝ 読

① 王 ＋ 里 ＝ □

② 立 ＋ 木 ＋ 見 ＝ □

ほしたちを　たすけた　おれいに、でっかい　オムライスを　もらった。

答え→59ページ

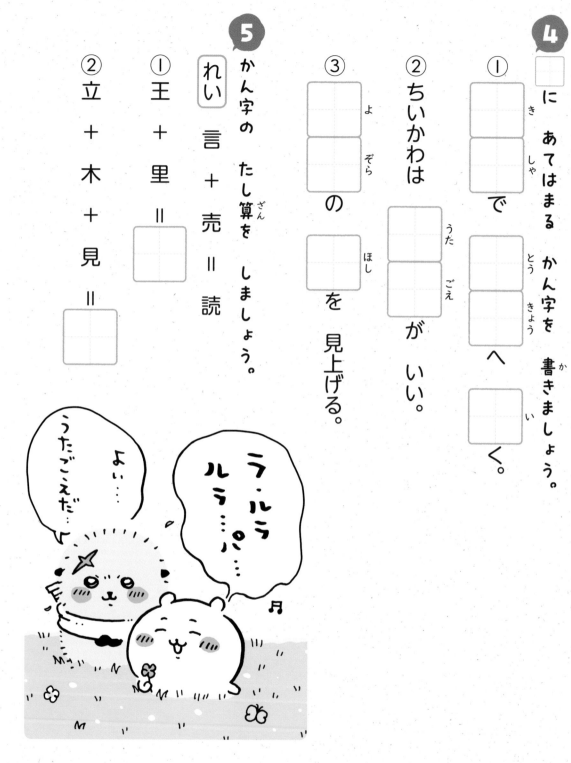

せつ明文

11 何の せつ明①

10分

月　日

ちいかわたちが する ろうどうの 一つに 「草むしり」が あります。きめられた エリアの 草を むしり、よろいさんに わたすと、ほうしゅうが もらえます。「草むしり」には しかくが あります。「草むしりけんてい」です。しかくが なくても 「草むしり」は できますが、けんていに うかると、ほうしゅうが アップします。

ハチワレは 草むしりけんてい 5きゅう、うさぎは 3きゅうを もって います。

1 何《なに》に ついて せつ明《めい》した 文しょうですか。

［　　　　］と いう ろうどうに ついて。

2 しかくを もって いると、どんな いい ことが ありますか。合《あ》う ものに ○を つけましょう。

□ みんなに 自《じ》まんできる。

□ 草むしりの ろうどうが できる。

□ ほうしゅうが アップする。

3

□に あてはまる かん字を 書《か》きましょう。

① □《とり》の □《な》き □《ごえ》が □《き》こえる。

② □《は》れたら □《いけ》で □《さかな》つりを しよう。

③ うさぎは 「ヤハ。」と □《い》った。

4

にた いみの ことばを、□から えらんで 書きましょう。

① じゅん番《ばん》 □

② たくさん □

しゅるい　じゅんじょ　いっぱい

ちいかわ まめちしき

うさぎの ぶきは 長《なが》い。

答え→60ページ

12 何の せつ明②

よろいさんたちには、それぞれ、どんな ちがいが あるのでしょうか。

ろうどうを しょうかいして くれる、「ろうどうの よろいさん」は、少《すこ》し 茶色《ちゃいろ》がかった 色です。モモンガの むちゃな ようきゅうに つき合《あ》って くれる、やさしい せいかくです。

いろいろな ものを 作《つく》って 売《う》って いる「ポシェットの よろいさん」は、はい色。ちいかわたちと いつも 親《した》しく して くれる、やさしい よろいさんです。

1 何に ついて せつ明《めい》した 文しょうですか。

よろいさんたちには、どんな [　　　　] が あるか。

2 [　] に 合う よろいさんの とくちょうを 書《か》きましょう。

	する こと	色	せいかく
ろうどうの よろいさん	ろうどうの しょうかい	茶色がかった 色	[　　　]
ポシェットの よろいさん	自分《じぶん》で 作った ものを 売る。	[　　　]	やさしい

3 □に あてはまる かん字を 書《か》きましょう。

① □《はる》に □《こう》□《えん》で 花見を する。

② なかよしの □《きょう》□《だい》。

③ □《いち》□《ば》で □《か》いものを する。

4 つぎの ことばを かん字と おくりがなで 書きましょう。

① しるす □

② かんがえる □

③ すくない □

ちいかわ まめちしき

行《ぎょう》れつには、つい ならんじゃう。

答え→60ページ

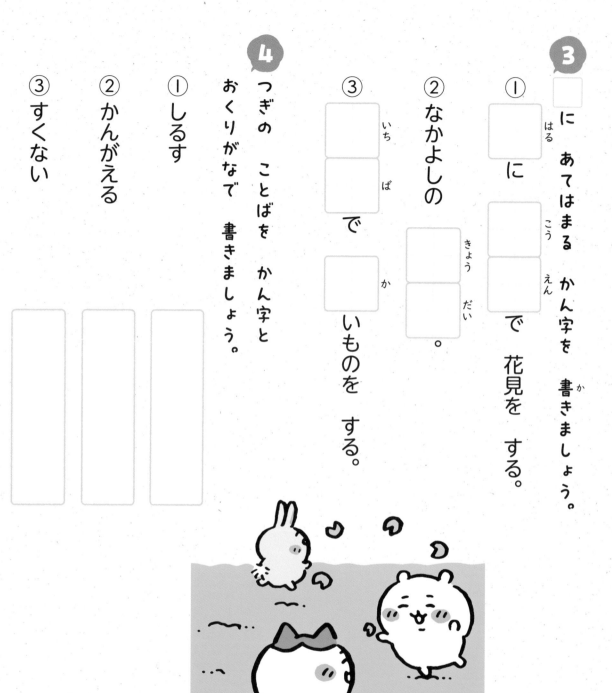

ごほうび②

なぞなぞかん字《じ》と はんたいことば

10分

月　　日

1 なぞなぞかん字に　ちょうせんしましょう。
どんな　かん字を　あらわして　いるでしょう。

① 犬の　かん字の　「、」を
いどうさせて　できる　かん字は？

② 上から　「｜」が　ふって　きたよ。
どんな　かん字に　なる？

③ いつも　木の　上に　立って
見まもって　くれて　いる　人は？

④ お日さまから　生まれた
かん字は？

⑤ 刀《かたな》の　いちぶが　とび出て　きたよ。
どんな　かん字に　なった？

⑥ 「田」から　十を　引《ひ》いて　できる　かん字は？

2 はんたいの　ことばに　なって　いる カードだけを　えらんで，番《ばん》ごうの 小さい　じゅんに　ひらがなを　ならべましょう。

上
⇕
下

① ど

さむい
⇕
すずしい

② な

立つ
⇕
すわる

③ う

大人
⇕
子ども

④ く

はずかしい
⇕
新《あたら》しい

⑤ た

高《たか》い
⇕
せまい

⑥ し

うれしい
⇕
かなしい

⑦ つ

★ 番ごうの
小さい　じゅんに
ならべると…。

□□□□

答え→60ページ

13 どんな ようす①

10分

月　日

「また あそぼーね。バイバーイ。」
ちいかわと ハチワレは 手を
ふって わかれます。
少《すこ》し 歩《ある》いて ちいかわが
ふりむくと、ハチワレも こっちを
見て いました。
「ア…。」
「ア!!!
アハハッ、同《おな》じ
タイミングで
ふりむいた。」
ちいかわも わらいます。
「やっぱさァッ、夜《よる》ごはんも
いっしょに 食《た》べない？」
ちいかわは うなずきました。

1 ハチワレが ちいかわを 夜ごはんに さそった きっかけは 何《なん》ですか。

ちいかわと ハチワレが どうじに ［　　　　］ こと。

2 ちいかわたちの ようすに 合《あ》う ものに ○を つけましょう。

□ なか直《なお》りしたいけれど 言《い》い出《だ》せない ようす。

□ もっと いっしょに いたい ようす。

□ 言いたかった ことを 思《おも》い出《だ》した ようす。

3

□に あてはまる かん字を 書《か》きましょう。

① えものを ねらって □《ゆみ》□《や》を □《ひ》く。

② 出かける □《じ》こくの □《ちょく》□《ぜん》に 目が さめる。

③ □《とお》い □《うみ》に うかぶ □《ふね》。

4

しゅ語《ご》には ——を、じゅつ語には ＝を ひきましょう。

① あれは きけんな 草です。

② シーサーは おしょうが 大すきだ。

③ ステージで パジャマパーティーズが おどる。

ちいかわ まめちしき

ハチワレは、ラッコを そんけいして いる。

答え→61ページ

どんな ようす②

10分

月　日

夜《よる》じゅう、ずっと　はたらいた
ちいかわと　ハチワレと　モモンガ。
朝《あさ》ごはんを　食《た》べに
てい食屋《しょくや》さんに　来《き》ました。
「いただきま――す!!!」
はぐっ…もくもく。
「ン〜？　なーんか　やっけに
うまみが　あるような。」
　　モモンガの
ことばに
ハチワレが
答《こた》えます。
「がんばった　後《あと》って…
おいしいよねェ、ごはん。」
「そんな　もん　カンケー　ない。」
モモンガは　あいかわらずです。

1　ちいかわたちは　なにを　して　いますか。

夜じゅう ＿＿＿＿ 後、

朝ごはんを　食べて　いる。

2　朝ごはんを　食べて　いる　モモンガの　ようすに　合《あ》う　ものに　○を　つけましょう。

□ がんばって　よかったと　思《おも》って　いる。

□ とても　つかれて　いる。

□ ごはんを　おいしく　かんじて　いる。

3

□に あてはまる かん字を 書《か》きましょう。

① □《たに》ぞこに □《かぜ》が ふく。

② 今日《きょう》は □《なん》□《よう》□《び》ですか。

③ ピザや パンを やける □《いわ》。

4

ことばを 組《く》み合《あ》わせて 書きましょう。

れい 見る ＋ 回《まわ》す ＝ 見回す

① 思《おも》う ＋ 出す ＝ □

② 引《ひ》く ＋ 分《わ》ける ＝ □

ポシェットの よろいさんは からあげを 作《つく》った。

答え→61ページ

15 どんな 気もち①

10分

月　日

ラッコは、ハチワレから「おししょう」と よばれて います。

でも、ラーメンの よろいさんもシーサーに そう よばれて いるため、ラッコは 自分《じぶん》だけの よび名はないのかと 思《おも》って いました。

そんな ある 日、ちいかわと ハチワレが、

「あッ…せ…せ…先生ッ!!!」

と、ラッコを よびました。ちいかわとハチワレは、ラッコのべつの よび方《かた》を考《かんが》えて いたのです。

「せんせい」とよばれて じーんと きた ラッコは、

「よかった…強《つよ》く なって。」

と 思いました。

1 ラッコは どんな よび名が いいと 思って いましたか。

だれも よばれて いない [　　　　] の よび名。

2 「先生」と いう よび名を ラッコは どう 思いましたか。合《あ》う ものに ○を つけましょう。

- [　] ふつうすぎて つまらない。
- [　] とても 気に 入った。
- [　] はずかしいので やめて ほしい。

3

□に あてはまる かん字を 書《か》きましょう。

① □《あたま》に タオルを のせる。

② □《あね》は □《いもうと》より せが □《たか》い。

③ □《だい》どころで □《や》さいを □《き》る。

4

はんたいの いみの ことばを から えらんで 書きましょう。

① 強《つよ》い ↕ □

② 遠《とお》い ↕ □

③ 上がる ↕ □

④ 少《すく》ない ↕ □

近《ちか》い　下がる　弱《よわ》い　多《おお》い

ちいかわの たからものは、「むちゃうマン」と いっしょに うつった しゃしん。

答え→61ページ

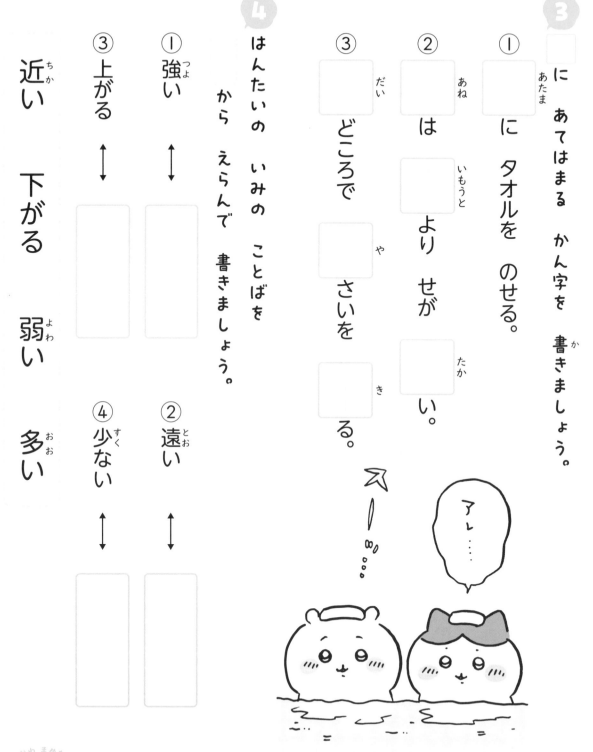

16 どんな 気もち②

ハチワレの 家《いえ》で あそんで いた とき、家の 中に こわい やつが 入って きました。

「出たッッ。」

ハチワレは 「さすまた」を もって 立ちむかいますが、ちいかわは オロオロするばかり。けっきょく 何《なに》も できませんでした。本当《ほんとう》は いっしょに たたかいたかったのに。

「やったア、いなく なった。」

ぶじ、たいじして よろこぶ ハチワレ。

でも…

ちいかわは

ないて

しまいました。

1 ちいかわが ないて しまったのは なぜですか。

ハチワレと いっしょに ＿＿＿＿＿＿ のに、何も できなかったから。

2 ないて いる ちいかわの 気もちに 合《あ》う ものに ○を つけましょう。

- □ たいじできて うれしい。
- □ こわくて にげ出したい。
- □ なさけなくて くやしい。

3

□に あてはまる かん字を 書《か》きましょう。

①どうくつに □《あか》るい □《ひかり》が さしこむ。

②せんべいを □《はん》□《ぶん》に わる。

③□《そと》で □《げん》□《き》に あそぶ。

4

——の じゅつ語《ご》が あらわして いる ものを、□から えらんで 書きましょう。

①モモンガが 目に なみだを ためる。

②ゴブリンの 体《からだ》は みどり色《いろ》だ。

どうする　どんなだ　何《なん》だ

こわい やつが 家《いえ》に 入って くる ことも ある。

答え→61ページ

17 何の せつ明③

ハチワレは、たまに、毛《け》の りょうや 生《は》え方《かた》が かわる ことが あります。

さむい じきに、毛の りょうが ふえて ぜんしん フサフサに なった ことが あります。

□、生えかわりの じきには、おでこの 青い ぶぶんが、いつもの 八の字から、まっすぐに なった ことも あります。

いつの まにか かわって、いつの まにか 元《もと》に もどります。

1 何《なに》に ついて せつ明《めい》した 文しょうですか。

ハチワレの □ の へんかに ついて。

2 □に 合《あ》う ことばに ○を つけましょう。

□ また　□ では

□ すると

3 この へんかには どんな とくちょうが ありますか。

□

かわったり、元に もどったり する。

4

□に　あてはまる　かん字を　書《か》きましょう。

①ふりかけの　しゅるいを　□《かぞ》える。

②おしょうと　ならんで　□《ある》く　シーサー。

③□《と》じまりには　□《よう》□《じん》する。

5

なかまの　ことばを　かん字で　二つずつ　書きましょう。

①方角《ほうがく》　東　西　□　□

②きせつ　春　□　□　冬

ちいかわ　まめちしき

ちいかわを　かじっても、うまみは　ない。

答え→62ページ

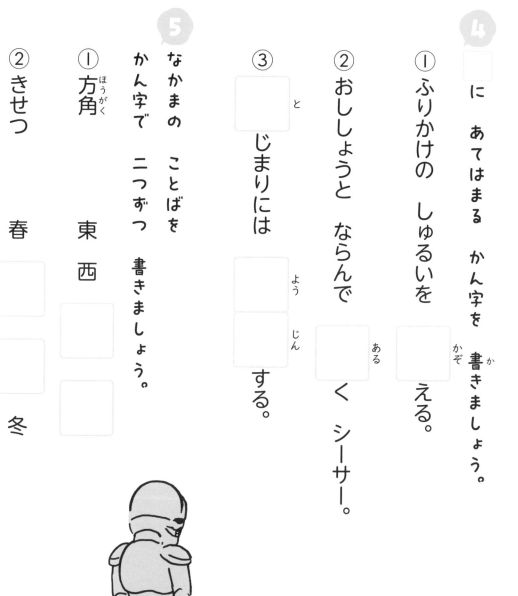

18 何の せつ明④

ちいかわたちは、どんな ぶきを つかって いるのでしょうか。

ちいかわと ハチワレは、先が 二つに 分《わ》かれた、「さすまた」と よばれる ぶきを つかって います。

うさぎの ぶきは ながい ぼうです。ぼうの りょうはしで ばくはつが おこります。

ラッコの ぶきは 大きな けんです。ラッコの 顔《かお》マークが 入って います。

ほかにも ぶきは いろいろ あるようです。

1 何《なに》に ついて せつ明《めい》した 文しょうですか。合《あ》う ほうに ○を つけましょう。

- [ ] どの ぶきが いちばん 強《つよ》いか。
- [ ] みんなが どんな ぶきを つかって いるか。

2 だれが どの ぶきを つかって いますか。合う ものを 線《せん》で むすびましょう。

ちいかわ ・		・ さすまた
うさぎ ・		・ 大きな けん
ラッコ ・		・ ながい ぼう

3

□に あてはまる かん字を 書《か》きましょう。

①おりの □《まえ》に □□《もんばん》を おく。

②ハチワレの 耳は □□□《さんかくけい》。

③おく □□《まんちょう》じゃに なりたい。

4

{　} から 正しい ほうを えらんで、○を つけましょう。

①とうばつに しっぱいした。{だから／たとえば} おちこんだ。

②パジャマが ほしい。{そこで／でも} 売《う》り切《き》れて いた。

③これは 牛肉《ぎゅうにく》ですか。{なぜなら／それとも} ぶた肉ですか。

ちいかわ まめちしき

うさぎは、こちょこちょに 強《つよ》い。

答え→62ページ

ごほうび③

かん字パズルと なかまの ことば

10分

月　日

1 □ と □ の 星《ほし》の 形《かたち》の ピースを 1つずつ たてや よこに 組《く》み合《あ》わせて，かん字を 作《つく》ります。できた かん字を 5つ 書《か》きましょう。

日　⻗　糸

山　口

会　ヨ

石　鳥

青

できた かん字

2 なかまの　ことばを　えらんで　「**スタート**」から「**ゴール**」まで　線《せん》で　つなぎましょう。
ゴールできた　なかまの　ことばの　しゅるいを

　　から　えらんで，〇で　かこみましょう。

★ ゴールできた　なかまの　ことばの　しゅるい

虫　　のみもの　　きせつ　　文ぼうぐ

答え→62ページ

19 だいじな ところ①

ちいかわの すむ ところには、食《た》べものが どんどん わき出て くる 場《ば》しょが あります。

おそばが わく ところ、たき立ての ごはんが わく ところ、おみそしるの 川や、あじの しみた 玉こんにゃくが なる 木も あります。

そして、それらは、すべて ちょう理《り》ずみです。

おそばと いっしょに ツユも わいて いますし、おみそしるには 具《ぐ》も 入って います。その 場で すぐに おいしく 食べる ことが できるのです。

1 何《なに》に ついて せつ明《めい》した 文しょうですか。

食べものが どんどん [　　　　] 場しょに ついて。

2 **1**の 食べものには どんな とくちょうが ありますか。合《あ》う ものに ○を つけましょう。

- [　] あじつけが ひつよう。
- [　] ちょう理ずみで ある。
- [　] その 場では おいしく 食べられない。

3

□に あてはまる かん字を 書《か》きましょう。

① □《じ》□《ぶん》で □《つく》った べん□《とう》。

② □《たい》ようが □《にし》に しずむ。

③ □《ひろ》い □《はら》っぱを □《はし》り□《まわ》る。

4

文の 形《かたち》を 下から えらび、——で つなぎましょう。

① きのこが 光《ひか》る。　・　　・何《なに》が—何《なん》だ

② これは たからものだ。　・　　・何が—どうする

③ うさぎは 元気《げんき》だ。　・　　・だれが—どんなだ

ちいかわたちの パジャマは、外《そと》でも きられる。

答え→63ページ

だいじな ところ②

ハチワレの たからものは、青い
リボンです。草むしりけんていに
合《ごう》かくした おいわいに、ちいかわが
プレゼントして くれた クッキーに
ついて いた リボンです。
ちいかわとの 思《おも》い出《で》が つまって
いて、見ると うれしく なるのです。
リボンは、花を 生《い》けた 花びんに
むすんで あります。
「イイね、花と リボン。」
ポシェットの よろいさんに
ほめられたので、ハチワレは、
「ほめられリボン」と
よんで います。

1 ハチワレが、青い リボンを 大切《たいせつ》に して いるのは なぜですか。合《あ》う ものに ○を つけましょう。

- □ ちいかわとの 思い出が つまって いるから。
- □ けんていに うかった 記《き》ねんだから。
- □ ポシェットの よろいさんが 「イイね。」と 言《い》って くれたから。

2 ハチワレは、青い リボンを 何《なん》と よんで いますか。

□

3

□に あてはまる かん字を 書《か》きましょう。

① □《むぎ》□《ちゃ》を れいぞうこで ひやす。

② うさぎの □《いえ》を □《し》りたい。

③ □《ちょう》□《しょく》を ちゅう文する。

4

｛　｝から 正しい ほうを えらんで、○を つけましょう。

① ほして ｛ごつごつ／ふわふわ｝に なった ふとんで ねる。

② ｛川のように／山のように｝ 大きな オムライス。

③ ｛おだやかな／なめらかな｝ せいかくの やさしい 人。

ちいかわ まめちしき

「たこぎ」は、手のひらの ねんちゃく力で かべも のぼれる。

答え→63ページ

ものがたり

21 ようすや 気もち①

10分

月　日

ポシェットの よろいさんが さん歩《ぽ》を して いた ときの ことです。自分《じぶん》が 作《つく》った ポシェットを つけて いる 子を 見つけました。ポシェットの よろいさんは、木の かげに かくれました。

「つかって くれてる…。

キャンディを 入れてるのか…。」

おや、また だれか 来《き》ました。

「パジャマと ポシェット…

ダブル（二つ）でッ!!!」

ポシェットの よろいさんは、思《おも》わず こぶしを にぎりしめました。

1 木の かげに かくれる ポシェットの よろいさんの ようすに 合《あ》う ほうに ○を つけましょう。

□ みんなが どう つかって いるのか、気に なる。

□ みんなに 正しい つかい方《かた》を 教《おし》えたい。

2 「こぶしを にぎりしめ」た ときの ポシェットの よろいさんの 気もちに 合う ものに ○を つけましょう。

□ こわさないか 心《しん》ぱいだ。

□ つぎこそ がんばろう。

□ やった、うれしい。

3

□に　あてはまる　かん字を　書《か》きましょう。

① □《こく》□《ご》の　もんだいの　□《こた》えを　たしかめる。

② □《ふゆ》に　なると　□《け》が　ふえる。

③ お□《てら》に　おまいりする。

4

ことばを　二つに　分《わ》けて　書《か》きましょう。

れい　切《き》りとる　＝　切る　＋　とる

① 組《く》み合《あ》わせる　＝　□　＋　□

② 細長《ほそなが》い　＝　□　＋　□

ちいかわ　まめちしき

ハチワレは、あきらめない。

こたえ→63ページ

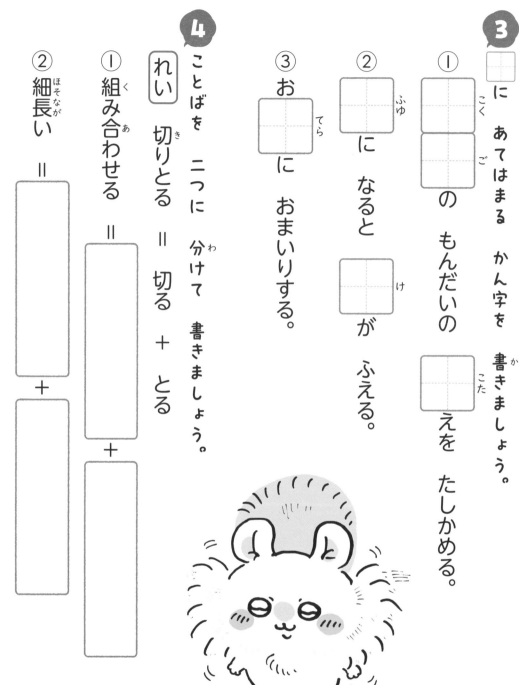

ものがたり

22 ようすや 気もち②

10分

月　日

ちいかわの 家《いえ》に ハチワレが あそびに 来《き》て います。ハチワレは、ふと 何《なに》かに 目を とめました。

「やりたい こと…リスト…。」

「わァ!!!」

ちいかわが あわてて かくします。

「ごめんッ、見ちゃってッ!!! やりたい ことを リスト化《か》してるの？」

ちいかわは、ノートの 上に つっぷした まま、ごにょごにょ…。

「すっごく 楽《たの》しそッ!!!」

ちいかわは、つかい方《かた》を せつ明《めい》しはじめました。

1 ちいかわが ノートを あわてて かくしたのは なぜですか。合《あ》う ほうに ○を つけましょう。

□ ハチワレに 見られたく なかったから。

□ ハチワレを おどろかせたかったから。

2 「すっごく 楽しそッ!!!」と 言《い》われた ときの ちいかわの 気もちに 合う ほうに ○を つけましょう。

□ ハチワレに あやまられて かなしい 気もち。

□ ハチワレが ほめて くれて うれしい 気もち。

3

□に あてはまる かん字を 書《か》きましょう。

① どうくつで □《せい》□《かつ》 する ハチワレ。

② □《ゆう》□《がた》まで □《ひる》寝《ね》を する。

③ □《たの》しい □《じ》□《かん》を すごす。

4

□に あてはまる ことばを □から えらんで 書きましょう。

① くりまんじゅうは 今《いま》 □に いるのだろう。

② □話《はなし》は 本当《ほんとう》ですか。

あれ これ その どこ こう

ちいかわ まめちしき

ちいかわと ハチワレは、トルティーヤに されて 食《た》べられそうに なった。

答え→64ページ

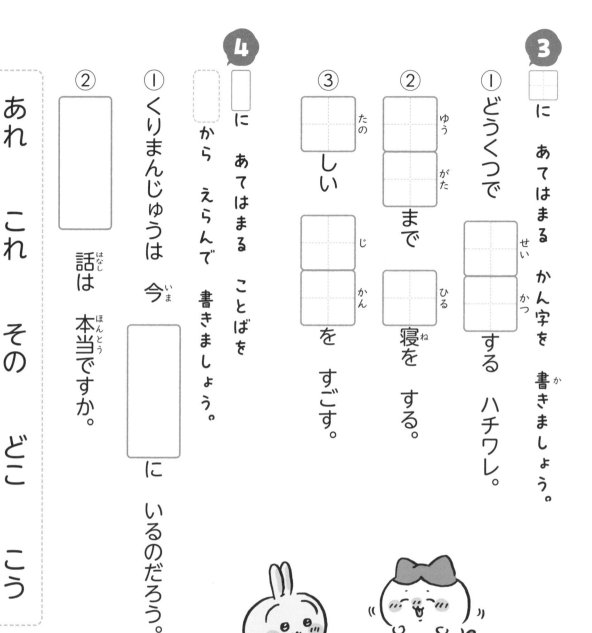

テスト

まとめの　テスト

月　日　20分

とく点　　点

シーサーが　外《そと》で　べん強《きょう》を
して　います。シーサーは
おにぎりを　ほおばりながら、
一生けんめい　がんばって　います。
日も　くれかけた　ころ、
シーサーは　ペンを　もった　まま
つい　うとうと。
通《とお》りかかった
くりまんじゅうは、
シーサーの
すがたに、
一生けんめい
べん強した
むかしの　自分《じぶん》を　思《おも》い出《だ》しました。
さし入れを　おいて、そっと
立ちさります。

1 シーサーは　どこで　何《なに》を　して　いますか。【10点×2】

・どこで
□ で

・何を
□ を
して　いる。

2 そっと　立ちさった　くりまんじゅうの　気もちに　合《あ》う　ものに　○を　つけましょう。【20点】

□ もう　あきらめなよ。

□ かぜ　引《ひ》くから　おきろよ。

□ がんばれよ。

ちいかわたちは、頭《あたま》に　きのこが
生えて　くる　ことが　あります。
ちいかわたちは、それを「寄生《きせい》」と
よんで　います。
切《き》りとって
しまえば
なおりますが、
ねっこが
のこって　いると、また　生えて
きて　しまいます。
ちいかわも　ハチワレに　切って
もらいましたが、ねっこが　のこって
いたようで、前《まえ》より　大きな　きのこが
生えて　きて　しまいました。
寄生《きせい》きのこは、とても　おいしく、
いろいろな　りょう理《り》に　つかえます。

3 「寄生《きせい》」とは、何《なん》ですか。【20点】

頭に　［　　　］が
生えて　くる　こと。

4 せつ明《めい》されて　いる　じゅんに　1～3の　番《ばん》ごうを　書《か》きましょう。【20点】

［　］「寄生《きせい》きのこ」の　つかい方《かた》。

［　］「寄生《きせい》」とは　何《なに》か。

［　］ちいかわが　「寄生《きせい》」された　とき。

5 なおす　ときに　だいじな　ことは　何ですか。【20点】

［　　　］まで　とる。

答え→64ページ

答えとアドバイス

★おうちの 方と 答え合わせを しましょう!

1 だれが どう する ①

P.5

❶ おそば（そば）

❷ （〇をつけるところ）ハチワレ

❸ ツーン

❹ ①黄色　②地図、場
　③画家、古、絵

❺ ①ポシェット　②コンコン
　③アメリカ

アドバイス　❶最初の一文から、森におそばを食べに来たことを読み取らせましょう。

❷「ハチワレが　とり出したのは　わさび」と書かれています。

❸文の中に「ツーン」としたことが書かれています。

2 だれが どう する ②

P.7

❶ ヘアカット

❷ （〇をつけるところ）とちゅうでどうぐを　かえた。

❸ ①午後、雪　②親友　③才、作

❹ （〇をつけるところ）
　①晴れる　②新しい　③明るい

アドバイス　❶最初の一文に「ちいかわの　ヘアカットです」とあります。

❷はさみからバリカンへ道具をかえようとしています。ヘアカットをとちゅうで投げ出したわけではないので、「とちゅうで　あきらめた。」は誤りです。バリカンがどういう道具かを伝え、ちいかわの心情を想像してみましょう。

3 いつ どこで ①

P.9

❶ 夜

❷ 家

❸ ゆどうふ

❹ ①米、食　②毎朝、体　③用紙、書

❺

アドバイス　❶❷最初の一文に「夜、家で　べん強して　いた　ときの　ことです」と書かれています。

❸「ゆどうふ屋さんです」とあることから、「ゆどうふ」を買いに行ったのだとわかります。

4 いつ どこで ②

P.11

❶ いつ…さん歩
　どこで…木

❷ （〇をつけるところ）つぎが　自分たちの　番の　とき。

❸ ①交、点、近、止　②店、売
　③黒、雲

❹ ①3　②9　③11

アドバイス　❶最初の一文から、「さん歩を　して　いる」ときに、「一本の木の　前」に、長い行列ができているのを見つけたことを読み取らせます。

❷直前に、「つぎは　自分たちの　番」とあります。

5 どんな じゅんじょ ① P.13

❶ シーサー

❷ (右から) 3→2→1

❸ ①室内 ②計算 ③母、会社

❹ (――を引くところ) ①うさぎが
②これが ③とうばつは

アドバイス ❶「スーパーアルバイター」の資格を取ったのはだれ？ 「おしょう」と呼んでいるのはだれ？ お酒の資格を勉強中なのはだれ？ などと問いかけ、すべて「シーサー」につながることを理解させましょう。

❷ 選択肢の内容の答えにあたる部分（「おしょう」、「スーパーアルバイター」、「ラーメン屋『郎』」）を○で囲むなどして目立たせると、説明の順番がわかりやすくなることを教えます。

❹ 文の中の「だれが、何が」にあたる言葉を主語、「どうする、何だ、どんなだ」にあたる言葉を述語といいます。主語を答えるときは、先に述語を見つけます。述語は多くの場合文末にあります。「くれる」→だれが？ と聞いてあげると、主語が見つけやすくなります。

6 どんな じゅんじょ ② P.15

❶ (右から) 3→1→2

❷ ランカー

❸ ①百科、読 ②刀 ③強、教

❹

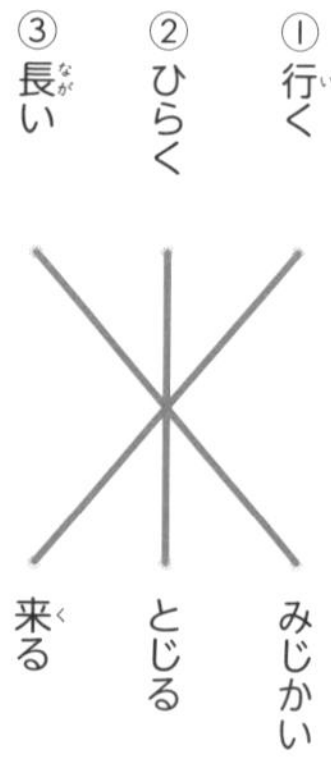

アドバイス ❶ 選択肢の内容の答えにあたる部分（「上位ランカーの あかし」、「こわい やつを やっつけるろうどう」、「とうばつの せいせきが よいもの」）を○で囲むなどして目立たせて、説明の順番を考えるように伝えます。

❷ 最後の一文に「ぶきに 入って いる 自分の 顔マークは、上位ランカーの あかしなのです」とあります。

❹「行く」の反対の意味の言葉には、「帰る」「もどる」もあります。

7 だれが どう する ③ P.17

❶ モモンガ

❷ カニあいさつ

❸ どんぐりぼうし

❹ ①今、新、線 ②来週、里帰
③顔、丸

❺

ハチワレは、
「はたらいた後《あと》のおふろは
さい高《こう》だね。」
と言《い》いました。

アドバイス ❶ 一文目に、古本屋さんは「モモンガが くれた」カチューシャをつけているとあります。

❷ パシパシッと頭のはさみを動かして「カニあいさつ」をしています。

❸ 最後の一文から、モモンガは「どんぐりぼうし」をかぶっていることがわかります。

❺ 読点（、）は、文の中の切れ目に、句点（。）は文の終わりにうちます。かぎかっこ（「」）は、会話部分や、強調したい語句などにつけます。会話部分の終わりにつける句点とかぎ（。」）は、同じますの中に書くことに注意しましょう。

8 だれが どう する ④

P.19

1 夏まつり

2 かきごおり

3 （○をつけるところ）
ちいかわ うさぎ

4 ①羽 ②同、道、通 ③馬、首

5 （——を引くところ）①来る
②すきだ ③おいしい

アドバイス 1 2 「夏まつり」の日に、「かきごおり」を食べている場面です。

3 うさぎは「ぜんしゅるいの シロップ」をかけているので、「イチゴの シロップ」もかけています。

5 述語は、文の終わりにあることが多いことを伝えましょう。

ごほうび① かん字クイズとカタカナパズル

P.21

1 ①少 ②方 ③体
④丸 ⑤自 ⑥正

2

アドバイス 1 それぞれ、形が似ているため書き間違いがおこりやすい漢字です。②「方」⑤「自」は、点の向きに注意して答え合わせをしましょう。

2 カタカナの長音（伸ばす音）には「ー」を用いるため、「カレエ」は正解には含まれません。

9 いつ どこで ③

P.23

1 おとまり会

2 野原

3 こい（来い）

4 ①工作 ②牛肉 ③父、電話

5 ①こおりのように ②カチカチの

アドバイス 1 最初の一文に「ちいかわたちは、ハチワレの 家で おとまり会」をしているとあり、おとまり会をしたときの出来事だとわかります。

2 場所を表す言葉を探すように伝えます。この場面では、「ハチワレの家」ではなく、「野原」にいることを理解させましょう。

3 だれかが話したことは「 」（かぎかっこ）の中に書かれていることを伝え、「何て言ったら、流れ星が本当に降って来たのかな？」などとヒントを出しましょう。

5 ①はつめたさを、②は緊張する様子をくわしくする言葉が入ります。

10 いつ どこで ④

P.25

1 （○をつけるところ）
とうばつから 帰る とき。

2 立ちぐいそばや

3 強く

4 ①汽車、東京、行 ②歌声
③夜空、星

5 ①理 ②親

アドバイス 1 最初の一文に「とうばつからの 帰り道」とあります。

2 「立ちぐいそばや」の中にいるラッコを、ハチワレが外から見ている場面であることを読み取らせます。

3 ハチワレは、ラッコとおそばを食べている自分の姿を想像し、「なるぞ…強く…」と決意しています。

11 何のせつ明①

P.27

❶ 草むしり

❷ （○をつけるところ）
ほうしゅうが　アップする。

❸ ①鳥、鳴、声、聞
②晴、池、魚　③言

❹ ①じゅんじょ　②いっぱい

アドバイス ❶「草むしり」という言葉が繰り返し出てくることに気づかせましょう。

❷「しかくが　なくても『草むしり』は　できます」とあるので、「草むしりの　ろうどうが　できる。」は誤りです。

❹「じゅん番」は、代わる代わるそのことに当たること。「しゅるい」は、共通するものを分類してまとまりにしたものを指します。「ぶらんこの順番」「ぶらんこの種類」などと具体例を出して説明してあげましょう。

12 何のせつ明②

P.29

❶ ちがい

❷ （右から）はい色
やさしい

❸ ①春、公園　②兄弟　③市場、買

❹ ①記す　②考える　③少ない

アドバイス ❶ 一文目に、「よろいさんたちには、それぞれ、どんな　ちがいが　あるのでしょうか」と書かれています。よろいさんたちの違いを比べて説明している文章です。

❷ 表を横にたどると、「ろうどうの　よろいさん」「ポシェットの　よろいさん」それぞれの特徴がわかり、縦に見るとその観点についての違いがわかります。表の見方を教えましょう。

ごほうび② なぞなぞかん字と はんたいことば

P.31

❶ ①太　②止　③親
④星　⑤力　⑥口

❷ どうくつ

アドバイス ❶ 似ている漢字や、複数の漢字が組み合わさってできている漢字があることなどに気づくことができれば、漢字への理解が深まります。知らない漢字があれば、練習して書けるようにしておきましょう。

❷ 反対言葉を一つずつ確認しましょう。②「さむい」の反対は「暑い」、⑤「新しい」の反対は「古い」です。⑥「高い」の反対の意味の言葉は、「低い（高さの場合）」と「安い（値段の場合）」の二つがあります。また、「せまい」の反対は「広い」です。

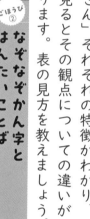

13 どんな ようす ①

P.33

1 ふりむいた

2 （○をつけるところ）もっと いっしょに いたい ようす。

3 ①弓矢、引 ②時、直前 ③遠、海、船

4 ①主語…あれは 述語…草です
②主語…シーサーは 述語…大すきだ
③主語…パジャマパーティーズが 述語…おどる

アドバイス

1 ハチワレの発言に「同じ タイミングで ふりむいた」とあります。バイバイするつもりだったのが、同時に振りむいたことがきっかけとなって、夜ごはんにさそったことがわかります。

2 ちいかわもハチワレも、家路を急ぐことなく、互いの様子を気にして振り返っています。そして、夜ごはんも一緒に食べようとしています。離れがたい様子を理解させましょう。

4 主語と述語を探すときは、先に述語を探すように伝えましょう。述語は「草です」→何が？「大すきだ」→だれが（だれを）？と質問してあげると主語が見つけやすくなります。

14 どんな ようす ②

P.35

1 はたらいた

2 （○をつけるところ）ごはんを おいしく かんじて いる。

3 ①谷、風 ②何曜日 ③岩

4 ①思い出す ②引き分ける

アドバイス

1 最初の二文に「夜じゅう、ずっと はたらいた ちいかわと ハチワレと モモンガ。朝ごはんを 食べに てい食屋さんに 来ました」とあります。

2 モモンガの発言に「ン～？ なーんか やっけに うまみが あるような」とあることから、朝ごはんをいつもよりおいしく感じていることがわかります。

15 どんな 気もち ①

P.37

1 自分だけ

2 （○をつけるところ）とても 気に 入った。

3 ①頭 ②姉、妹、高 ③台、野、切

4 ①弱い ②近い ③下がる ④多い

アドバイス

1 ラッコは、「自分だけの よび名は ないのか」と思っていたと書かれています。

2 ちいかわたちに「先生」と呼ばれたラッコが、じーんとして「よかった…強く なって」と思っていることから、その呼び名が気に入ったのだとわかります。

16 どんな 気もち ②

P.39

1 たたかいたかった

2 （○をつけるところ）なさけなくて くやしい。

3 ①明、光 ②半分 ③外、元気

4 ①どうする ②どんなだ

アドバイス

1 **2** ハチワレは勇敢に戦ってこわいやつを退治しましたが、ちいかわは「本当は いっしょに たたかいたかったのに」、「けっきょく 何も できませんでした」とあります。ちいかわは、情けない自分の姿に泣いてしまったのです。

4 「どうする」は動作、「どんなだ」は様子を表します。

17 何の せつ明③ P.41

❶ 毛

❷（○をつけるところ）また

❸ いつの まにか（一字空きは、なくても可）

❹ ①数 ②歩 ③戸、用心

❺ ①南、北（順不同） ②夏、秋（順不同）

アドバイス ❶最初の一文に着目させ、ハチワレの「毛」の量や生え方の変化についての説明であることを理解させます。

❷□の前後で、毛量の変化と生え方の変化の、二つの変化が並べて書かれているので、事柄を並べて伝えるときの言葉、「また」があてはまります。

❸最後の一文に「いつの まにか かわって、いつの まにか 元に もどります」と書かれています。

18 何の せつ明④ P.43

❶（○をつけるところ）みんなが どんな ぶきを つかって いるか。

❷

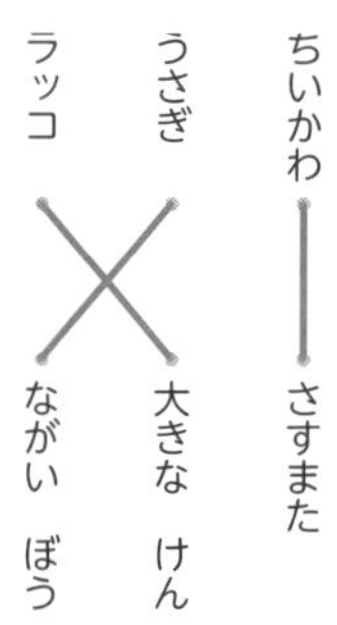

❸ ①前、門番 ②三角形 ③万長

❹（○をつけるところ）①だから ②でも ③それとも

アドバイス ❶最初の一文に「ちいかわたちは、どんな ぶきを つかって いるのでしょうか」と、これから説明する内容が書かれています。

❷間違えてしまったときは、文章中の「ちいかわ」などの名前と武器の名前を○で囲むなど、わかりやすくなる工夫をするように伝えましょう。

❹つなぐ言葉は、前後の文のつながりで判断します。①は前が理由、後が結果、②は前後が反対、もしくは予想外の内容、③は前後で選ぶ内容が書かれています。判断の仕方を説明し、何となくで答えないようにしてあげましょう。

ごほうび③ かん字パズルと なかまの ことば P.45

❶ 晴・雪・絵・岩・鳴（順不同）

❷

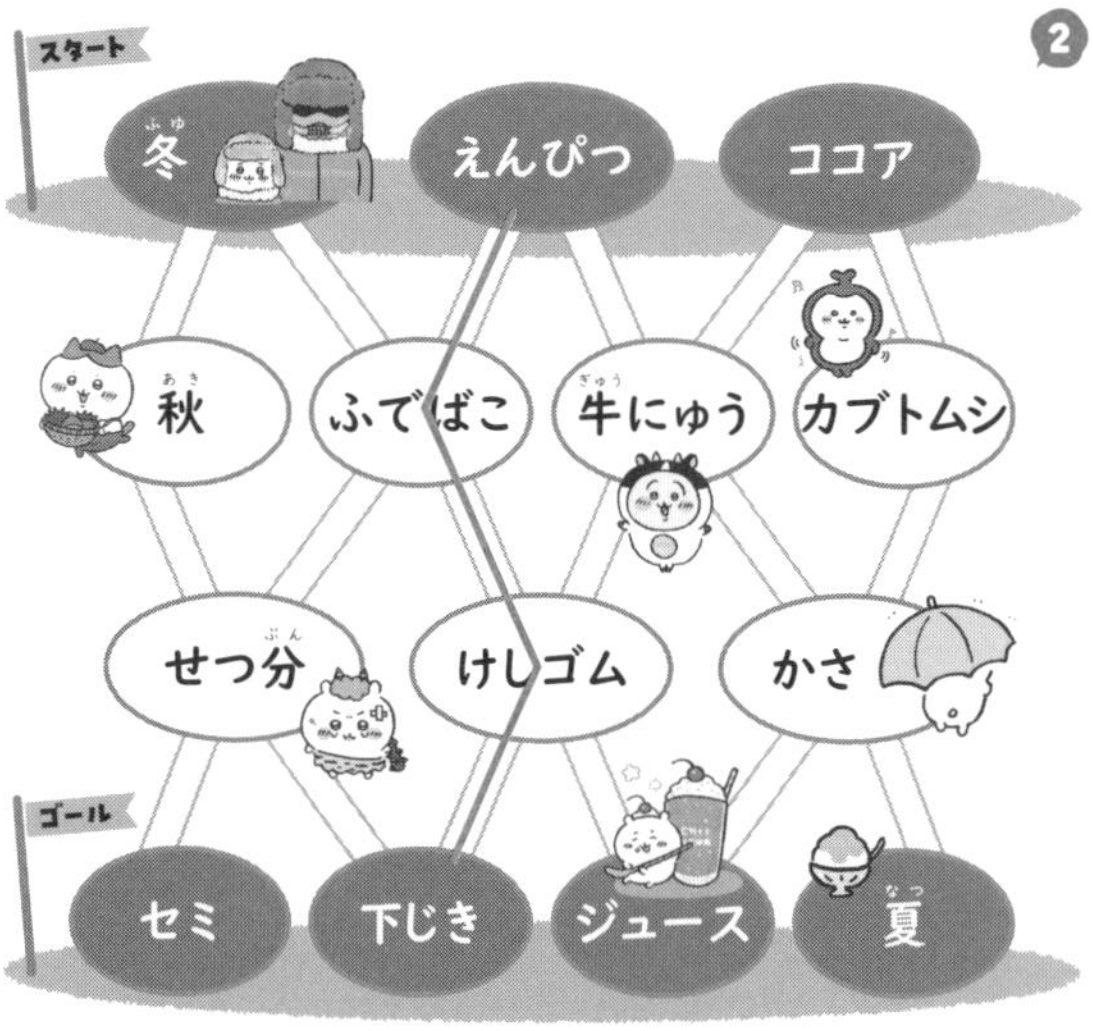

（○でかこむところ）文ぼうぐ

アドバイス ❶上下の組み合わせと左右の組み合わせを、両方考えることが大切です。漢字を部分ごとに分けて見たり考えたりすることは、漢字の成り立ちや部首への理解にもつながります。漢字パズルで楽しく学習しましょう。

❷他にどんな言葉が入っていればゴールまで行けたのかを聞いてみましょう。

19 だいじな ところ ①

P.47

❶ わき出て くる（一字空きは、なくても可）

❷（○をつけるところ）ちょう理ずみで ある。

❸ ①自分、作、当 ②太、西
③広、原、走、回

❹
①きのこが 光《ひか》る。——何《なに》が—何《なん》だ
②これは たからものだ。——何が—どうする
③うさぎは 元気《げんき》だ。——だれが—どんなだ

アドバイス ❶最初の一文に着目させ、「食べものが どんどん わき出て くる 場しょ」の説明であることを理解させます。

❷三段落目に「そして、それらは、すべて ちょう理ずみです」とあります。

❹「どう する」には、「歌う」などの動作を表す言葉が、「どんなだ」には、「かわいい」「元気だ」などの様子を表す言葉があてはまります。

20 だいじな ところ ②

P.49

❶（○をつけるところ）ちいかわとの 思い出が つまって いるから。

❷ ほめられリボン

❸ ①麦茶 ②家、知 ③朝食

❹（○をつけるところ）
①ふわふわ ②山のように
③おだやかな

アドバイス ❶「ちいかわとの 思い出が つまって いて、見ると うれしく なるのです」と理由が説明されています。「ちいかわがくれたからだね」などとヒントを与え、そこから理由が書かれている部分を探させてもよいでしょう。

❷最後の一文から、ハチワレがリボンを何と呼んでいるのかがわかります。

❹「どの言葉をくわしくしているのかな」などと問いかけてあげましょう。使わなかった言葉もどういうときに使うのかを考えてみると、理解が深まります。

21 ようすや 気もち ①

P.51

❶（○をつけるところ）みんなが どう つかって いるのか、気に なる。

❷（○をつけるところ）やった、うれしい。

❸ ①国語、答 ②冬、毛 ③寺

❹ ①組む、合わせる ②細い、長い

アドバイス ❶ポシェットのよろいさんは、自分が作ったものを実際にみんながどう使ってくれているのか気になって、木のかげに隠れてこっそり観察しています。

❷こぶしをにぎりしめる動作は、「くやしさ」や「緊張」を表す場合もあります。しかし、ここでは「パジャマとポシェット」を二つともつけてくれているのを見た直後なので、喜びの動作であることが読み取れます。

22 ようすや 気もち ②

P.53

1 (○をつけるところ) ハチワレに
見られたく なかったから。

2 (○をつけるところ) ハチワレが
ほめて くれて うれしい 気もち。

3 ①生活 ②夕方、昼 ③楽、時間

4 ①どこ ②その

アドバイス

1 ちいかわのあわてぶりや、ノートを必死に隠す様子から、ハチワレに見られたくなかったことがわかります。

2 ノートの上につっぷして、ノートを隠していたちいかわが、使い方を説明し始めていることから、「すっごく楽しそッ!!!」と言われたことが意外で、うれしくて、気持ちが立ち直ったことが読み取れます。

4 ①は、指すものがはっきりしないときの場所を示す言葉が、②は「話」に係る言葉があてはまります。

テスト まとめの テスト

P.55

1 どこで…外
何を…べん強

2 (○をつけるところ) がんばれよ。

---

3 きのこ

4 (右から) 3→1→2

5 ねっこ

アドバイス

1 最初の一文に「外で べん強を して います」と書かれています。

2 さし入れはどんな気持ちでするものなのかを考えさせましょう。なお、くりまんじゅうはシーサーを起こしてはいません。

3 「それを『寄生』と よんで います」の「それ」が何を指すのか、「それ」より前の部分から探すように促します。

4 選択肢に書かれた内容が、本文のどこに書かれているのかを見つけます。選択肢の言葉が、本文の内容をまとめて言いかえたものであることを理解させましょう。

5 治し方が書かれた二段落目に着目させ、「ねっこが のこって いると、また 生えて きて しま」う、つまり根っこを取ることが大事であることを伝えましょう。